Equipment Stores
Architect
David Chipperfield

Blueprint
Extra

Text by
Deyan Sudjic
Photographs by
Chris Gascoigne

07

There is a continuing tension between architecture and fashion: simultaneously a mutual attraction and suspicion. In some ways they are concerned with the same issues: structure, detail, tactile qualities and craftsmanship are important to both. Yet they are not the same. The transitory nature of fashion can seem threatening to the architectural community. All the more so when, despite protestations to the contrary, much architecture is acquiring precisely the trivialness, frivolity of forced originality and shallow stylistic mannerisms that characterise fashion at its most excessive.

The more cerebral of fashion designers, however, are every bit as determined to create as complete a world as the architect, one in which the actual garment is only one component, and graphic design, architecture, music, choreography and photography are all put to work to create a complete identity. The question here is, who is in the driving seat? Is architecture being used as a prop by the designer; or is the architect foisting his own signature on to the designer's work?

For the serious-minded young architect, a commission to design a shop that sells clothes is both a temptation and a trap. It offers the chance to make a mark with an audience much wider than that merely of his peers. And, very often, it comes at the early stages of a career when there is little

opportunity to do work that will bear his or her identity. But on the other hand, there is also the nagging doubt that this is not the kind of thing that architecture really ought to be about. Rather, given the social mission of architecture, especially among those who see themselves as part of a modernist tradition, the passion for making places should be applied to something more permanent and less frivolous than a shop, whose lifespan is unlikely to be more than three years. The architect's sense of self-worth is built up on a much longer-term perspective, and there is even the feeling that the pursuit of very temporary novelty might be actively in opposition to the achievement of architecture of lasting quality.

Furthermore, the shop rarely offers the architect the chance to create a coherent architectural statement. It is not often possible to integrate architecture and interior, or inside and outside. As a type, shop design is closer to exhibition design; a matter of producing a setting in which you can simulate the impression of a genuine architectural experience. But it is also true that the shop, at least since the time of Adolf Loos, has represented an honourable tradition of design; a place in which to consider the idea of both display and containment.

David Chipperfield, an architect who trained at Kingston Polytechnic and the Architectural Association,

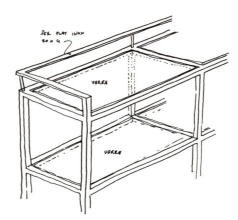

Above: Early sketch for a display unit, using box section and flat steel. Opposite: The design of a store for Issey Miyake in London, middle and bottom, proved a turning point in Chipperfield's career. It gave him an entry into building in Japan where his most recent commission was the design of the company HQ for Matsumoto, top

Ci-dessus: une première esquisse d'un étalage avec sections en cubes et en acier posé à plat. Ci-contre: la conception d'une boutique pour Issey Miyake à Londres, au centre et ci-dessous, s'est avérée un tournant dans la carrière de David Chipperfield. Ceci lui a donné accès au marché japonais, où sa plus récente commande fut la conception du siège social de la société Matsumoto, ci-haut

had the sophistication, when he first became involved in designing for the fashion world, to be aware of the complexities involved. He had worked in the office of Richard Rogers on the competition for the Lloyd's building. Later, he was at Norman Foster's, where he was involved in the ill-fated project to design a new headquarters for BBC Radio in Portland Place. Clearly his own attitudes to architecture had nothing in common with the tidal wave of postmodernism and self-obsessed, pale pastel drawings that swept over the architectural world at the start of the 1980s. But despite his time spent working for the leading exponents of British high-tech, he was by no means convinced that prefabrication, the expression of gymnastic structure, and the refinement of skin – to the exclusion of all other issues – was a plausible alternative. Rather, Chipperfield's time in the project office then operating from the Royal College of Art had exposed him to an interest in the subtler varieties of modernism. Chipperfield was interested in Le Corbusier, and especially in his purist villas including the Maisons Jaoul. This seemed to offer more promise than an enthusiasm for the way in which an aircraft wing or an American truck is put together.

While Chipperfield clearly saw himself as an architect pursuing a conventional career, he had also become involved with the wider

David Chipperfield's inspiration comes from a number of sources – from temples in Japan, as right, where he has completed a number of projects himself, to Mies van der Rohe's 1929 Barcelona Pavilion (opposite and page 12) and Adolf Appia's stage design (page 16)

L'inspiration de David Chipperfield lui vient de plusieurs sources: des temples du Japon, à droite, où il a lui-même travaillé sur un certain nombres de projets, au Pavillon de Barcelone de Mies van der Rohe (ci-contre et à la page 12), et le décor de scène d'Adolf Appia (page 16)

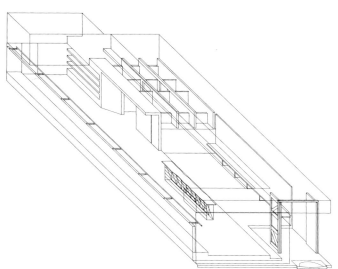

culture of fashion and photography in London. The poetic detailing of Carlo Scarpa had inspired him to take the idea of designing small shops very seriously. And they would allow him to refine his aesthetic approach before putting it to the test on a more complex piece of large-scale construction. As an emerging architect, his first project to attract wide attention was a shop for Issey Miyake in London's Sloane Street, completed in 1985. It paved the way for a whole series of commissions in Japan, initially for Miyake himself, and then on a larger and larger scale for other clients, culminating in an art gallery and a company headquarters.

The Issey Miyake shop also attracted the attention of Christian "Sisley" Restoin, a very unusual kind of fashion entrepreneur. Restoin is a perfectionist, a Frenchman with a single-minded belief in doing things extremely well. In the mid-1980s, he hit on the idea of building a business based on a single garment: the perfect shirt. For the best part of ten years, he had been manufacturing shirts to his meticulous and exacting specifications under his own label, Equipment, and wholesaling them through shops belonging to others. By 1985, he had decided that he wanted to create his own chain of Equipment shops instead, selling nothing but the shirts he produced. It would be a chance to present his garments in a setting that reflected

the care and the attitude which had gone into their design and making. When Restoin walked across the slate threshold of the Miyake store, he knew immediately that he had found the right architect to interpret his ideas.

"Ideally one would have inherited the vault of a small Hawksmoor church," David Chipperfield told the architecture critic, Janet Abrams, describing his approach to designing the shop for Issey Miyake – a statement which could equally well be applied to Equipment. In contrast to the transitory nature of retailing, Chipperfield wanted to achieve a sense of timelessness and permanence through the use of materials that could impart a sense of quality and continuity, and with a design that could convey a feeling of calm and order. Marble, Portland stone, sycamore and slate, all used with a sense of restraint, create a

genuinely modern sense of luxury.

"You can express how materials are put together without being in high-tech mode. You don't have to put perforated metal purlins against studded rubber flooring," believes Chipperfield. Instead, he worked hard for what he has described as the "purposeful meeting of materials", without ever making it look as if any effort was involved. He has also said that, "There is a pressure on young architects to make their mark. And you don't make your mark with quiet, beautiful details: they don't publish well." Yet the details in that first major commission published beautifully. The sensibility of the space matches that of the clothes perfectly, the ambience is closer to that of a gallery than an aggressive display of objects for sale, all of them shouting "buy me".

As Chipperfield himself is the first to admit, this particular aesthetic approach is one that owes much to Le Corbusier, to Carlo Scarpa and to certain of the Italian rationalists. The point is not forced originality for its own sake, but rather to learn from the masters to achieve a sense of quiet and calm that comes from the restrained, but nevertheless sensuous, use of the tactile quality of materials. Restoin, with his tireless search for the finest silks, and his determination to have his shirts manufactured with an unmatched commitment to quality, had the same aim.

The Issey Miyake Shop, for all its determined eschewal of the mark-making gesture, ironically came to be an icon of 1980s design. It stood as a shorthand for the post high-tech alternative to postmodernism, and also as a flag for the generational shift that saw a group of a dozen or so architects of around Chipperfield's age finding their own distinctive voices and taking centre stage in London. It was also, seven years later, to turn into the site of Restoin's second London outlet for Equipment.

Restoin, having found the architect who shared his vision and who could give physical expression to his idea of the kind of environment that accurately reflected Equipment, had also acquired shop premises. This was to be the first of a small chain of Equipment shops that would eventually stretch from its roots in Paris, to London, New York and Tokyo. Restoin took on what had once been a snack bar – a long thin space on a corner site on the rue Etienne Marcel in Paris. Into its narrow, curved end wall, Chipperfield was able to insert a window that offered at least a pinched glimpse up to the Place des Victoires, one of the most important fashion focuses in Paris.

Restoin knew what he wanted: the shop had to provide a precise, ordered mechanism for displaying merchandise. Everything was to be on show, with no stockroom hidden

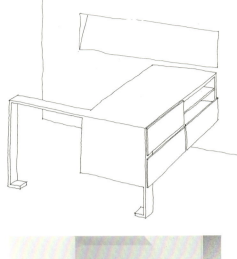

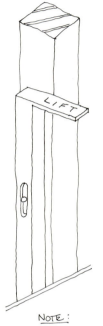

Chipperfield doesn't hide the way that materials are put together. Instead, he prefers to emphasise the qualities of the materials, rather than impose imagery on them *Chipperfield n'essaie pas de dissimuler la façon dont les matériaux sont assemblés. Au contraire, il préfère souligner la qualité des matériaux, plutôt que d'en imposer l'imagerie*

NOTE: LETTERS TO BE MACHINED ONTO HANDLE.

Stainless steel frames hold glass shelves flush in position. The result is as much a piece of sculpture as a shop fitting

Les chassîs d'acier inoxydable soutiennent les étagères de verre en un alignement parfait. Le produit fini est presqu'une sculpture en elle-même

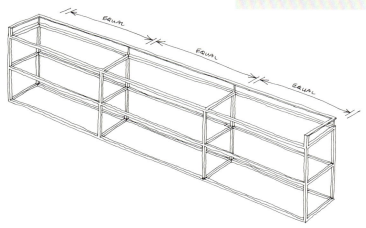

away behind the scenes. There was no space for that, or for window displays. Instead, plate glass, set directly into the facade without a frame, puts the whole of the shop on show.

Retailing for Equipment is a ritual. There are precisely defined procedures for the whole transaction, from the way that staff approach customers, to the wrapping of the purchase. There is a template in every shop, to ensure that shirts on the display shelves are identically folded every time. Shirts had never been sold in this way before, and Equipment was defining a new type of retailing.

Restoin was equally exact in his brief to Chipperfield, specifying the place be designed in such a way that the architect could maintain a detailed control on the quality with which it was put together. The logistics of building the shop in France, while Chipperfield kept his office in London and pursued a punishing schedule that saw him commuting back and forth to Japan, meant that it became a species of jewellery box, into which a number of painstakingly made pre-assembled pieces were carefully fitted. The craftsmen's workshops were in London; their completed work was then shipped over to Paris, and installed on site.

Equipment in the rue Etienne Marcel – hardly changed since it opened its doors in 1985 – is tiny. Just a few people will make it feel crowded. Nonetheless, it communicates the right message of uncluttered, effortless elegance. There is a splash of vivid, Mediterranean colour on one wall; a precise, ordered geometry integrates fittings with the space. It would not be accurate to see the Etienne Marcel shop as setting the rules for every Equipment shop that has followed. It is the smallest of the family, and it is housed in a space with a particularly insistent architectural quality of its own – one that Chipperfield could not help but work with, rather than against. But it is still contains the essence of Equipment's future development. Seven years later, Equipment has four shops in Paris, two in London, one in New York and another in Tokyo. Although the circumstances in each case vary, and so each requires a different application of Chipperfield's strategy, they are recognisably part of the same family.

The key to each shop is the way that the architecture and the clothes work with each other. Since that first shop in rue Etienne Marcel, Chipperfield has pared things down and down. They aren't exactly minimalist, for they do allow for strong colour in places, and for a complex geometry. But they provide a platform and a framework in which the neatly folded shirts – always shown flat on a shelf; never hung; never in boxes – become an architectural element in their own right. As the collections change from season to season, as blocks of solid colour give way to pattern and texture, so the character of each shop changes with its most fundamental building block.

There are other inflections in Chipperfield's design. In New York, the store has different display systems to define areas devoted to male or female garments. Sitting on the same sandstone floor are stainless steel and glass display units for women's clothes that have the suave polish of an installation by Donald Judd, and solid mahogany shelves for the men's collection. In Paris, on Boulevard St Germain, there are two shops side by side: one for women's shirts, the other for men's. The vocabulary of components and the palette of materials are, again, different for each. The latter is graced by a handsome stone floor that was already installed before Equipment took it on.

Chipperfield attempts to layer and structure space. He likes to modify levels with timber rafts. Clutter is eliminated behind sombre walls. Light fittings are concealed. He does not repeat himself, even when he is in the daunting position of being asked by Restoin to remodel that first Issey Miyake shop as a new outlet for Equipment. This is not architecture used as a trophy, or as a prop. Instead it is a convincing synthesis between an architectural strategy, and the sensibility behind the clothes that the shops sell.

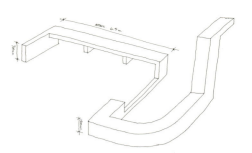

The exterior and interior of the Brook Street shop, below left and above, with its distinctive curved glass corner, are all integrated into a unified whole. The site of the Tokyo store, right, presented less geometric complexity for the architect

L'extérieur et l'intérieur de la boutique de Brook Street, ci-dessous à gauche et ci-dessus, avec son coin de rue bien distinctif en verre arrondi, s'intègrent bien pour former un tout. L'emplacement de la boutique de Tokyo, à droite, a posé moins de complexité géométrique à l'architecte

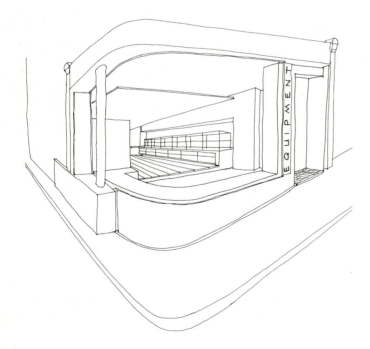

On constate une certaine tension entre l'architecture et la mode, à la fois une attirance et une méfiance mutuelles. Elles se préoccupent des mêmes questions: la structure, le détail, les qualités tactiles et le savoir-faire. Pourtant, elles sont différentes. Le caractère éphémère de la mode peut sembler menaçant au monde de l'architecture. Et cela d'autant plus que malgré les protestations, l'architecture devient souvent précisément anodine et frivole, quand elle résulte d'une originalité forcée et elle acquiert les maniérismes stylistiques superficiels qui caractérisent la mode dans ce qu'elle a de plus osé. Cependant, les couturiers les plus intellectuels sont aussi résolus que les architectes à créer tout un univers dont le vêtement lui-même ne forme qu'un seul élément et où le graphisme, l'architecture, la musique, la chorégraphie et la photographie entrent en jeu dans le but de créer une identité pour leur oeuvre. Reste à savoir qui tient les commandes. L'architecture sert-elle de toile de fond au couturier ou est-ce l'architecte qui impose sa propre signature sur l'oeuvre du couturier?

Pour le jeune architecte sérieux, une commande pour concevoir une boutique de vêtements est à la fois une tentation et un piège. On lui offre la possibilité d'être remarqué d'un public qui ne fait pas nécessairement partie de ses confrères. Et souvent, cela arrive au tout début d'une carrière, au moment où il a peu de possibilité de faire un travail qui porte sa marque.

Mais par ailleurs, on ne peut s'empêcher de penser que l'architecture c'est autre chose. Etant donné la mission sociale de l'architecture, surtout parmi ceux qui se considèrent comme appartenant à la tradition moderniste, la passion d'aménager des espaces devrait plutôt servir à quelque chose de plus permanent et de moins frivole qu'une boutique, qui ne durera sans doute pas plus de trois ans. L'idée que l'architecte se fait de sa valeur personnelle est fondée sur une perspective beaucoup plus permanente, et on sent que la poursuite d'une nouveauté et du temporaire risquerait véritablement d'empêcher l'architecte de produire une oeuvre durable et de qualité.

De plus, quand l'architecte conçoit une boutique, il a rarement la possibilité d'affirmer un style architectural cohérent. Il n'est pas toujours possible de concilier extérieur et intérieur. La conception d'une boutique ressemble plus à la conception d'une exposition: il s'agit de créer un décor dans lequel on peut *simuler* l'impression d'une véritable expérience architecturale. Mais il est vrai aussi que la boutique, au moins depuis l'époque d'Adolf Loos, représente un style de traditionnel honorable où il faut savoir à la fois montrer discrètement son talent.

David Chipperfield, architecte qui a fait ses études à la Kingston Polytechnic et à l'Architectural Association à Londres, a eu la subtilité, dès qu'il a commencé à travailler pour le monde de la couture, de prendre conscience des complications auxquelles il aurait à faire face. Alors qu'il travaillait dans le cabinet de Richard Rogers, il a participé au concours pour le design du Lloyd's building. Plus tard, il a travaillé dans le cabinet de Norman Foster, où il a été mêlé au malencontreux projet de réalisation du nouveau siège de la BBC Radio sur Portland Place. Manifestement, ses vues sur l'architecture n'avaient rien de commun avec le flot post moderniste ou avec le ton obsédant et les doux tons pastels des dessins qui ont balayé le monde de l'architecture au début des années 1980. Mais, malgré le travail qu'il a effectué auprès des représentants majeurs de la haute technologie

The Equipment interiors come from the same sensibility that informs all Chipperfield's architecture – from the house for photographer Nick Knight in Richmond, right, to his own apartment, far right

On reconnaît à l'intérieur des boutiques Equipment cette même sensibilité qui caractérise l'oeuvre architecturale de Chipperfield, de la maison du photographe Nick Knight à Richmond, à droite, jusqu'à sa propre maison, à l'extrême droite

britannique, il n'était pas du tout convaincu que le préfabriqué, l'expression de la structure gymnastique et le raffinement du revêtement, à l'exclusion de toutes autres questions, était une option à retenir. Au contraire, le temps que Chipperfield a passé au cabinet d'architecture du Royal College of Art à Londres lui a fait découvrir un intérêt pour les diversités plus subtiles du modernisme. Chipperfield s'intéressait aux oeuvres de Le Corbusier et à ses villas puristes, plus spécialement aux Maisons Jaoul. Ceci semblait être plus encourageant que l'enthousiasme que l'on puisse porter à l'assemblage de l'aile d'un avion ou d'un camion américain.

Même si Chipperfield se considérait vraiment comme un architecte à carrière traditionnelle, il s'était également impliqué dans

la culture plus vaste de la mode et de la photographie à Londres. L'amour poétique de Carlo Scarpa pour le détail l'a inspiré dans son projet de concevoir de petites boutiques de façon plus sérieuse. Ceci lui permettait de raffiner son approche de l'esthétique avant d'en faire l'essai sur une construction plus complexe et à plus grande échelle. Son premier projet d'envergure, en tant que nouvel architecte, consistait en une boutique pour Issey Miyake sur Sloane Street à Londres, et fut complété en 1985. Ce projet lui ouvrit les portes et il reçu par la suite toute une gamme de commandes au Japon, tout d'abord pour Miyake lui-même, pour ensuite enchaîner sur une plus grande échelle pour d'autres clients et finalement atteindre le sommet dans une galerie d'art puis le siège social d'une société.

La boutique d'Issey Miyake a également attiré l'attention de l'entrepreneur de mode Christian "Sisley" Restoin. Perfectionniste, Restoin est un Français qui ne croit qu'en la qualité d'un travail bien fait. Au milieu des années 1980, il a l'idée géniale de partir en affaires en utilisant un seul vêtement: la parfaite chemise. Pendant près de dix ans, il a fabriqué des chemises comportant des caractéristiques méticuleuses et précises qui lui sont propres, portant sa griffe «Equipment» et revendant en gros à d'autres boutiques. En 1985, il

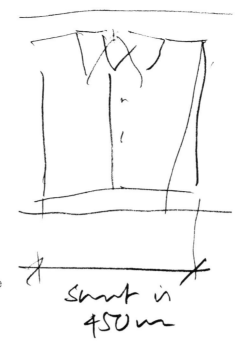

s'était fait à l'idée de créer plutôt sa propre boutique Equipment à succursales multiples et de ne vendre que les chemises qu'il aurait manufacturées. Il aurait la possibilité de présenter ses vêtements dans un décor qui reflèterait le soin et la disposition avec lesquels elles ont été conçues. Dès que Restoin a passé le seuil de la boutique Miyake, il a tout de suite compris qu'il venait de trouver le seul architecte capable de traduire ses idées.

"Idéalement, on aimerait bien hériter de la voute d'une petite église by Hawksmoor," révéla David Chipperfield à la critique d'architecture Janet Abrams, et lui faisait part de sa façon d'aborder la conception de la boutique d'Issey Miyake, déclaration qui vaut autant pour Equipment. Par opposition à la nature passagère de la vente au détail, Chipperfield a voulu en arriver à un concept du non-temps et de l'éternel en utilisant des matériaux qui dégagent une certaine continuité et qualité et un design qui évoquerait une sensation de calme et d'ordre. Le marbre, la pierre Portland, le sycomore et l'ardoise, s'ils sont utilisés de façon limitée, créent une véritable impression moderne du luxe.

"On peut faire connaître la façon dont les matériaux sont assemblés sans pour cela parler de haute-technologie. Il n'est pas toujours nécessaire de poser des pannes de métal perforées sur un plancher de caoutchouc clouté," affirme

Study for the New York store
Esquisse pour la boutique de New York

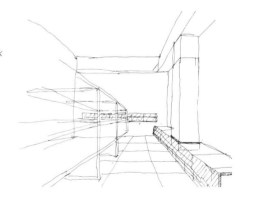

Chipperfield. Au lieu de cela, il s'est acharné sur ce qu'il a décrit comme étant "l'assemblage délibéré de matériaux" sans jamais laisser supposer un effort quelconque. "Les jeunes architectes sont poussés à se distinguer. Mais l'on ne se distingue pas avec des détails ternes, si beaux soient-ils; ils se reproduit mal dans les magazines," a-t-il rajouté.

Dans le cas de la boutique Miyake, pourtant, les magazines ont bien rendu les détails de cette importante première commande. La sensibilité de l'espace se marie parfaitement avec les vêtements, l'ambiance ressemble plus à celle d'une galerie qu'à celle d'un étalage agressif d'objets à vendre qui semblent supplier "achetez-moi".

Chipperfield est le premier à l'admettre; cette approche esthétique est celle que l'on doit à Le Corbusier, à Carlo Scarpa et à

certains rationalistes italiens. Ici l'originalité forcée ne doit pas être pris à la lettre, mais il importe plutôt d'apprendre des maîtres pour atteindre un sensation de calme et de tranquillité qui provient de l'utilisation restreinte, mais néanmoins sensuelle, des propriétés tactiles des matériaux. Restoin avait le même but: il cherchait les plus belles soies et s'acharnait à fabriquer des chemises de qualité incomparable.

Il est ironique de voir que la boutique Issey Miyake, malgré tous ses efforts pour éviter d'imposer son style, soit devenu la marque fétiche des années 1980. Elle a servi d'exemple pour faciliter le passage de l'alternative post high-tech au post modernisme et d'indicateur au changement générateur, qui a vu une dizaine d'architectes du même âge que Chipperfield qui ont su trouver leur propre identité et s'emparer du marché de Londres. C'est à cet emplacement, sept ans plus tard, que Restoin ouvrira sa deuxième boutique Equipment de Londres. Ayant trouvé l'architecte qui partageait ses vues et qui pouvait traduire ses idées de façon concrète sur le type d'environnement qui convenait le mieux pour Equipment, il a également fait l'achat d'un local. Celui-ci s'est avéré être le premier d'une série de succursales Equipment qui, de Paris, allaient s'étendre à Londres, New York et Tokyo. Restoin a rénové un petit

In Japan, Chipperfield has been able to take his experiments with form and material to their most developed architectural form, as in the TAK building in Kyoto, above and left, with its mixture of showrooms and restaurants.
Opposite: The Equipment shop in Avenue Victor Hugo, Paris

Au Japon, David Chipperfield a su utiliser son expérience des formes et des matériaux dans leur configuration architecturale la plus évoluée, telle que pour l'édifice TAK à Kyoto, ci-dessus et à gauche, avec ses salons d'expositions et restaurants. Ci-contre: la boutique Equipment sur l'Avenue Victor Hugo, à Paris

snack bar, un espace étroit et allongé au coin de la rue Etienne Marcel à Paris. Chipperfield a posé une vitrine sur son mur étroit et arrondi, laissant entrevoir la Place des Victoires, qui est l'un des coins les plus recherchés pour la mode à Paris.

Restoin savait ce qu'il voulait: la boutique devait offrir une façon précise et ordonnée de présenter les marchandises. Toute la marchandise devait être en montre, sans qu'il y ait de marchandise en réserve. Il n'y avait d'espace ni pour le surplus de marchandise ni pour un étalage en vitrine. Au lieu de cela, une baie vitrée montée directement sur la façade, sans encadrement, nous laissait voir la boutique dans son entier.

La vente au détail chez Equipment est un rituel. Il y a des procédures très précises à suivre pour chaque opération, telle la façon dont les employés s'adressent aux clients jusqu'à l'emballage de l'achat. Un patron est utilisé dans chaque boutique pour assurer le pliage des chemises de façon identique. Les chemises n'avaient jamais été vendues de cette manière et Equipment définissait un nouveau concept de vente au détail.

Restoin montrait la même précision lors de son exposé à Chipperfield, s'assurant que les plans soient dessinés d'une façon telle que l'architecte puisse garder un contrôle détaillé de la qualité avec laquelle le tout avait été monté.

Pour Chipperfield, la construction de sa boutique en France, alors qu'il avait un bureau à Londres et qu'il possédait un horaire très chargé qui le faisait voyager sans cesse au Japon, a résulté en quelque sorte à un coffret à bijoux dans lequel un nombre de pièces pré-fabriquées étaient soigneusement montées.

Les artisans travaillaient à Londres et leurs oeuvres étaient expédiées à Paris et installées sur place. La boutique Equipment de la rue Etienne Marcel, qui a à peine changé depuis son ouverture en 1985, est minuscule. Il n'en tient qu'à très peu de clients pour qu'on y soit déjà à l'étroit. Néanmoins, il transmet le message voulu d'une élégance rangée et facile. On y reconnaît la couleur éclatante de la Méditérannée sur le mur; les installations sont intégrées à l'espace de façon précise et ordonnée. Il serait erroné de penser que la boutique Etienne Marcel a été celle qui a servi de modèle aux autres boutiques Equipment. Elle est la plus petite du groupe et est située dans un espace que l'on qualifierait d'unique en architecture et Chipperfield n'a pu faire autrement que de s'en servir à bon escient plutôt que de l'avoir à dos. Mais elle possède quand même l'essentiel des développements qui ont suivis.

En sept ans, Equipment possède quatre boutiques à Paris, deux à Londres, une à New York et une autre à Tokyo. Malgré les

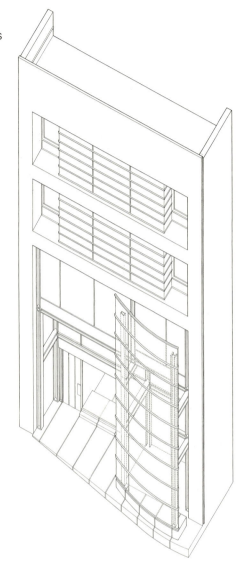

circonstances diverses qui ont demandé de la part de Chipperfield un ajustement de stratégie, les boutiques ont toutes "un petit air de famille". Le secret de chaque boutique réside dans la façon dont l'architecture et les vêtements s'harmonisent. Depuis la première boutique de la rue Etienne Marcel, Chipperfield s'est contenté, pour les autres boutiques, d'un décor de plus en plus minimal. Elles ne sont pas tout à fait minimalistes, car on y retrouve des couleurs vives à maints endroits et une géométrie complexe. Mais elles servent de plate-forme et d'encadrement dans lesquels les chemises, soigneusement pliées, font partie intégrale de l'architecture. A chaque saison, au moment du changement de collection, alors que les couleurs vives font place aux motifs et à la texture, on perçoit un changement dans l'aspect des boutiques.

On retrouve d'autres modifications dans le design de Chipperfield. A New York, les vêtements destinés aux hommes et aux femmes sont disposés différement. Posées sur le plancher de dalles, des étagères de verre et d'acier inoxydable ont été installées pour les vêtements de femmes, et pour les chemises d'hommes, de solides étagères d'acajou. Sur le Boulevard St-Germain à Paris, les deux boutiques, l'une pour femmes et l'autre pour hommes, sont côte-à-côte. Les composantes et le choix des matériaux sont encore une fois

différents. Ce dernier s'enorgueillit d'un beau plancher de pierres, déjà sur place avant qu'Equipment occupe le local.

Chipperfield tente de dégrader et de structurer l'espace. Il aime modifier les niveaux en utilisant des poutres de bois. Le fouillis disparaît derrière les murs sombres et les installations éléctriques sont dissimulées. Quoique la tâche, demandée par Restoin, de refaire le design de la première boutique Issey Miyake, pour ainsi la transformer en une première boutique Equipment, soit quelque peu ardue, on peut compter sur Chipperfield pour ne pas se répéter.

Ce n'est pas le genre d'architecture à arborer comme un trophée ou un toile de fond. C'est plutôt un ensemble convaiçant entre la tactique de l'architecte et la sensibilité qui se cache derrière le vêtement offert par la boutique.

Since most fashion outlets in Japan are theatrical installations within department stores, the brand has to be instantly identifiable. The flagship store in Tokyo, above, is an exception, deliberately establishing Equipment's look through its architecture and relating closely to the European shops such as Brook Street, right

Etant donné que la mode au Japon se vend surtout dans les magasins à rayons, sous forme d'installations théâtrales, la marque doit être identifiable instantanément. La prestigieuse boutique de Tokyo, ci-dessus, est une exception, établissant de façon délibérée, dans son architecture, l'image d'Equipment et se rapproche des boutiques européennes telle celle de Brook Street, à droite

Equipment began with the shop on rue Etienne Marcel, Paris, previous pages. Like many that followed, such as Madison Avenue in New York, above, it has a corner site. The vocabulary was defined here: the precise lines of the shelving units; the integral shelves beneath; and the up-ended Eurostile typography. The setting is different on Boulevard St Germain, Paris, right, and the interior is consequently much softer than the intense white of the New York shop

Le lancement d'Equipment s'est effectué à la boutique de la rue Etienne Marcel, pages précédentes. Ici, le langage est bien défini: les lignes précises des rayonnages; les étagères intégrées; la typographie Eurostile redressée. Celle-ci est située sur un coin de rue, comme bien d'autres qui lui ont succédé, telle que la boutique de Madison Avenue, ci-haut, dont l'intérieur est d'un blanc éclatant.
A droite: la boutique pour femmes, Boulevard St-Germain

Chipperfield returned to Sloane Street, previous page, to turn a shop that he had originally designed for Issey Miyake into Equipment's largest London outlet. The stone floor was already there; the addition of stainless steel display units with glass shelves and built-in drawers signal Equipment's presence. The Brook Street shop, above, also in London, again occupies a corner site. The impact of the narrow frontage is mitigated by the curved glass corner that wraps around existing columns and is positioned on a concrete bench

Chipperfield est revenu sur Sloane Street, page précédente, pour transformer une boutique, initialement conçue pour Issey Miyake, en la plus grande boutique Equipment de Londres. Le plancher de pierres y était déjà; Equipment assure sa présence grâce à l'addition des étalages en acier avec étagères en verre et tiroirs encastrés. La boutique sur Brook Street, ci-dessus, est également située sur un coin de rue. L'effet de la façade étroite est réduit en raison des vitrines de verre arrondies qui entourent les

colonnes déjà existantes et posées sur des fondations en béton

The men's store on Boulevard St Germain in Paris, above, retains its original stone-flagged floor. For this shop, Chipperfield designed a structural glass shelving system and a stainless steel scoop to conceal the wall-mounted up-lighter strip. Overleaf: At the shop in Avenue Victor Hugo, the counter, which hides the clutter of retailing, is made of stone and oak. The floor is an elevated oak plinth. Two changing rooms are fitted in back-to-back on the far right, behind a hanging curtain

La boutique pour hommes du Boulevard St-Germain à Paris, ci-dessus, a pu conserver son plancher de dalles original. Pour celle-ci, Chipperfield a conçu un imposant rayonnage en verre. Au verso: le comptoir de la boutique de l'Avenue Victor Hugo, où s'accumule le mélimélo créé par la vente au détail, est fait de pierres et de bois de chêne. Le plancher est fait d'une plinthe surélevée. Deux salons d'essayage, adossés l'un à l'autre, ont été installés, à l'extrême droite, derrière des tentures

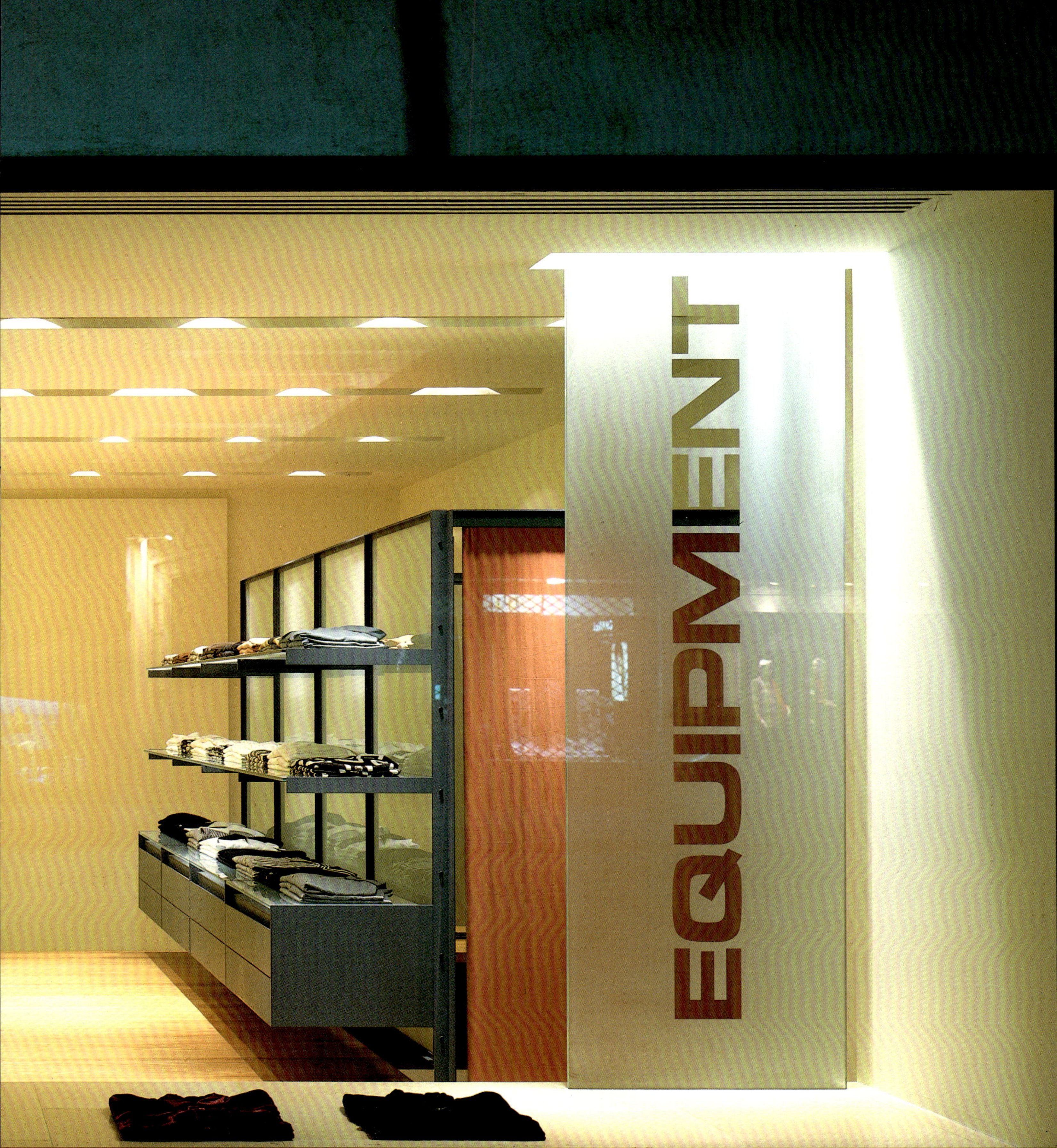
EQUIPMENT

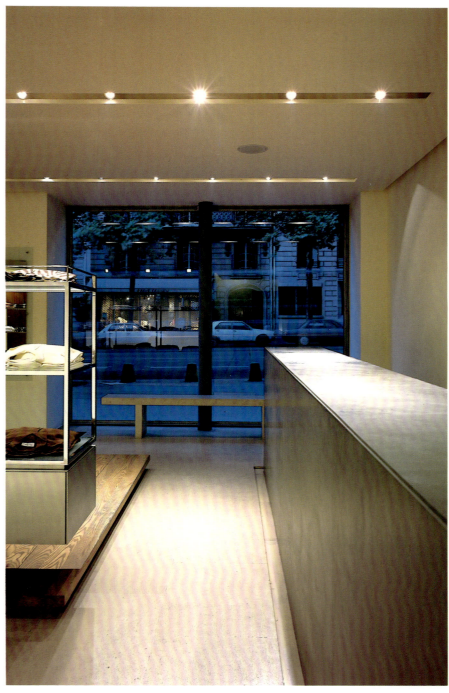

In the Brook Street store, Chipperfield uses opaque glass for the changing-room doors, left. It is set in the same square-section stainless steel that he uses for the shelving in New York and Boulevard St Germain, above left and right

Dans la boutique de Brook Street, Chipperfield utilise un verre opaque pour les portes du salon d'essayage. Le tout est placé dans la même section en acier inoxydable, de forme carrée, qu'il utilise pour l'étalage des boutiques de New York et du Boulevard St-Germain, ci-dessus, à gauche et à droite

Oak sits on stone,
steel frames glass.
The detail is crucial,
simple, sparse and
direct, rather than
mannered or over-
elaborate, and never
denies the essential
sensuous qualities
of the materials

*Le chêne repose
sur la pierre et
l'acier encadre le
verre. Le détail est
important, simple,
éparse et direct,
plutôt que maniéré
ou trop élaboré, et
ne nie jamais les
qualités sensuelles
des matériaux*

At Avenue Victor
Hugo, above left,
wooden planks sit flat
on the floor, almost as
if they were shirts
too, and raise the
shelving units up as
though they were on
display themselves.
The loose furniture at
St Germain women's
store, right, and at
Sloane Street, left, is
detailed with equal
directness

*Sur l'Avenue Victor
Hugo, ci-dessus à
gauche, des planches
de bois sont étalées
sur le plancher, tout
comme les chemises,
et surélèvent les
étagères comme si
elles-mêmes faisaient
partie de l'étalage.
A la boutique pour
femmes sur
St-Germain, ci-dessus
à droite, et sur
Sloane Street, à
gauche, la disposition
des meubles
non-encastrés est
faite avec autant
de précision*

Previous pages: The New York store has a stone floor, and solid, panelled changing-room doors. The heavy timber shelves on the left are for men's shirts; the steel ones on the right for women's.
Above: The detailing is such that glass shelves sit flush within the metal frames on Madison Avenue. At the St Germain men's shop, right, the shelving is one large, frameless, wall-mounted glass box

Pages précédentes: la boutique de New York a un plancher de pierre, et de solides portes en panneaux dans les salons d'essayage. Les étagères de bois sur la gauche sont pour les chemises d'hommes; celles en acier, sur la droite, sont pour les chemises de femmes. Au-dessus: sur Madison Avenue, le soin du détail est tel que les étagères de verre sont alignées au chassîs de métal. Dans la boutique pour hommes sur St-Germain, à droite, le rayonnage n'est qu'une large boîte de verre, sans chassîs, et fixée sur le mur

At the Madison Avenue store, left, the painted timber fitting-room doors occupy the full three metres of the floor-to-ceiling height. In Sloane Street, above left, white glass and a semi-free-standing changing room unit is used for a calmer effect

A la boutique de Madison Avenue, à gauche, les portes de bois peint des salons d'essayage, occupent les trois mètres de hauteur alloués entre le plancher et le plafond. Sur Sloane Street, au-dessus à gauche, l'utilisation du verre blanc et des salons d'essayage auto-portants ont un effet calmant

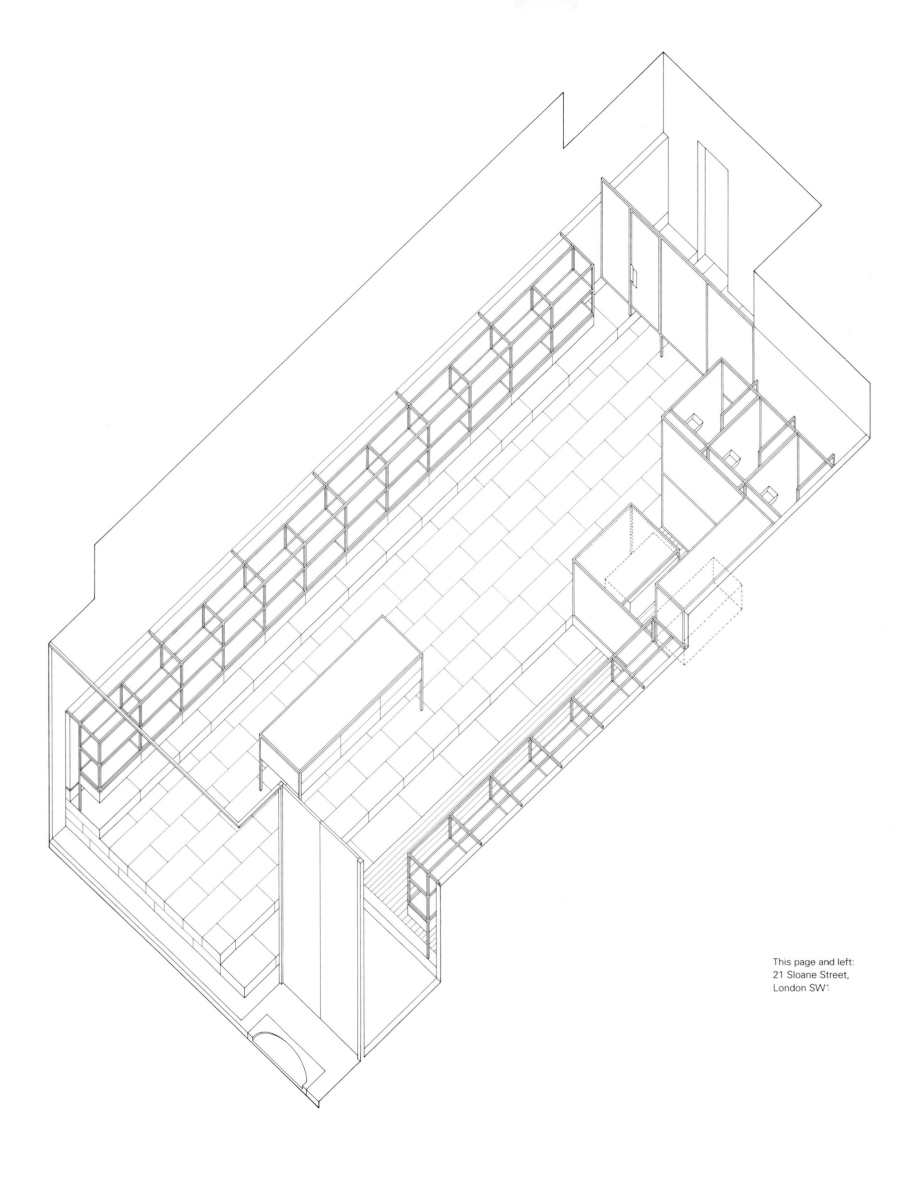

This page and left:
21 Sloane Street,
London SW1

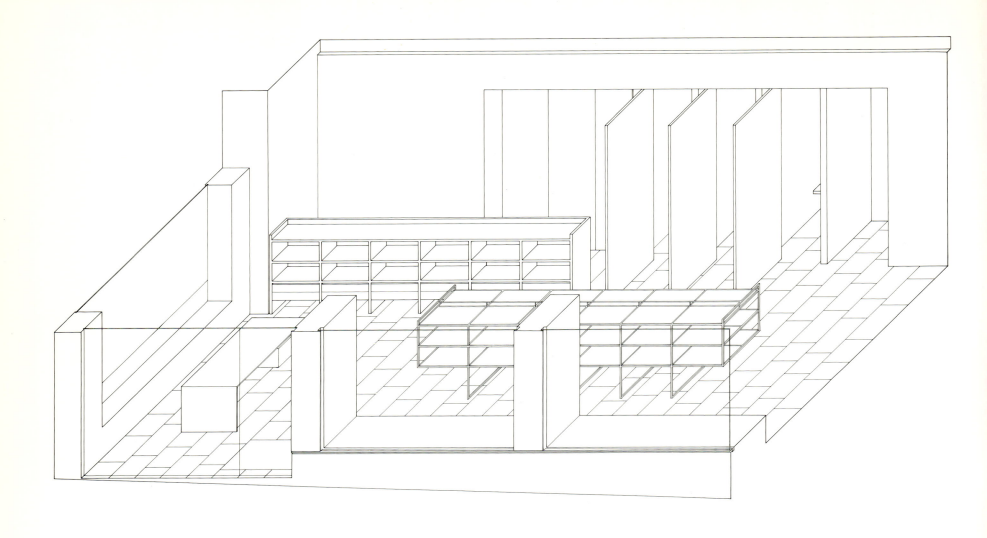

872 Madison Avenue,
10021 New York

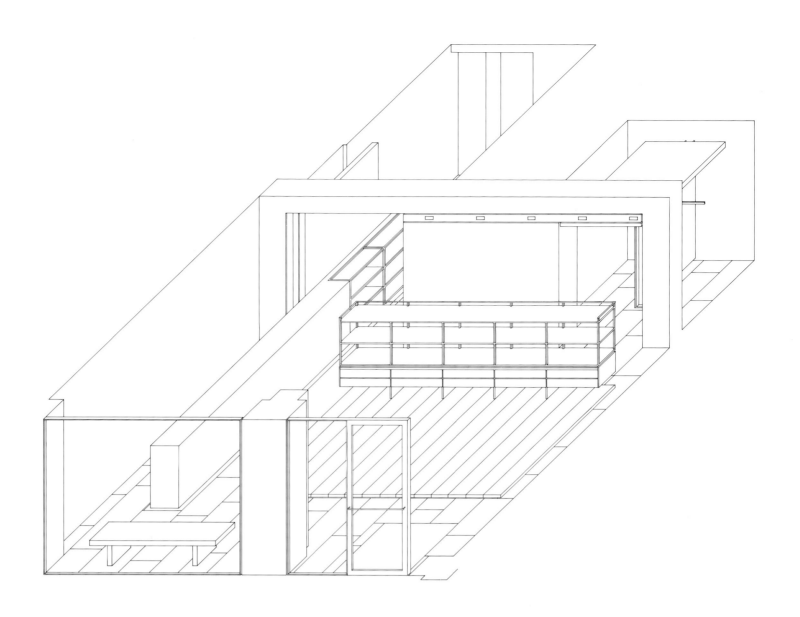

Women's shop,
203 Boulevard
St Germain,
75007 Paris

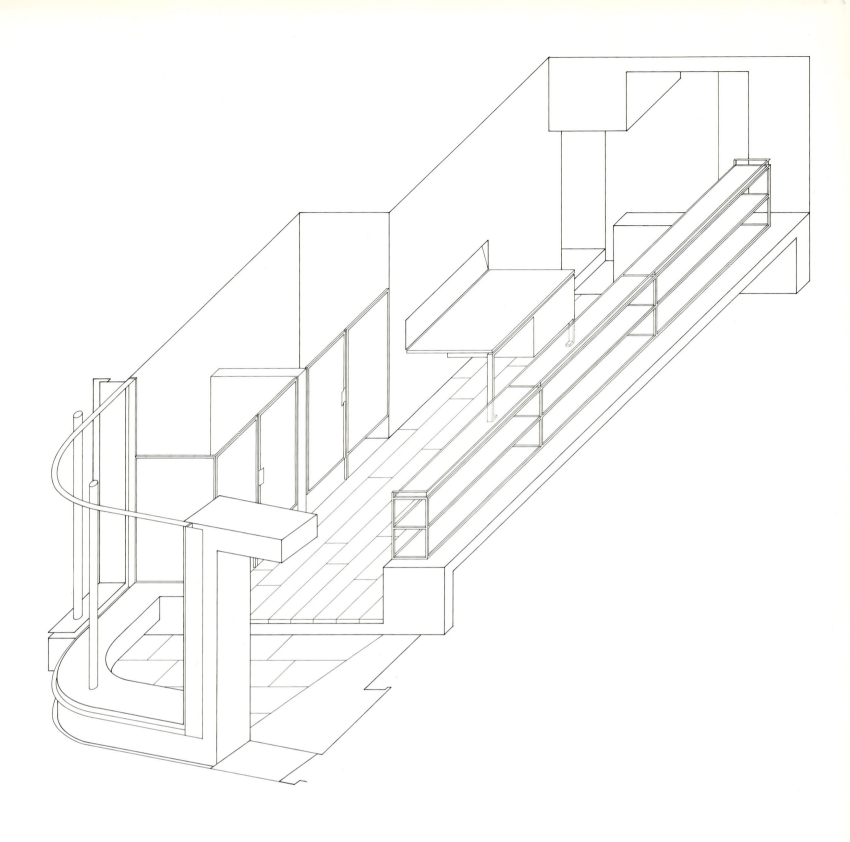

26 Brook Street,
London W1

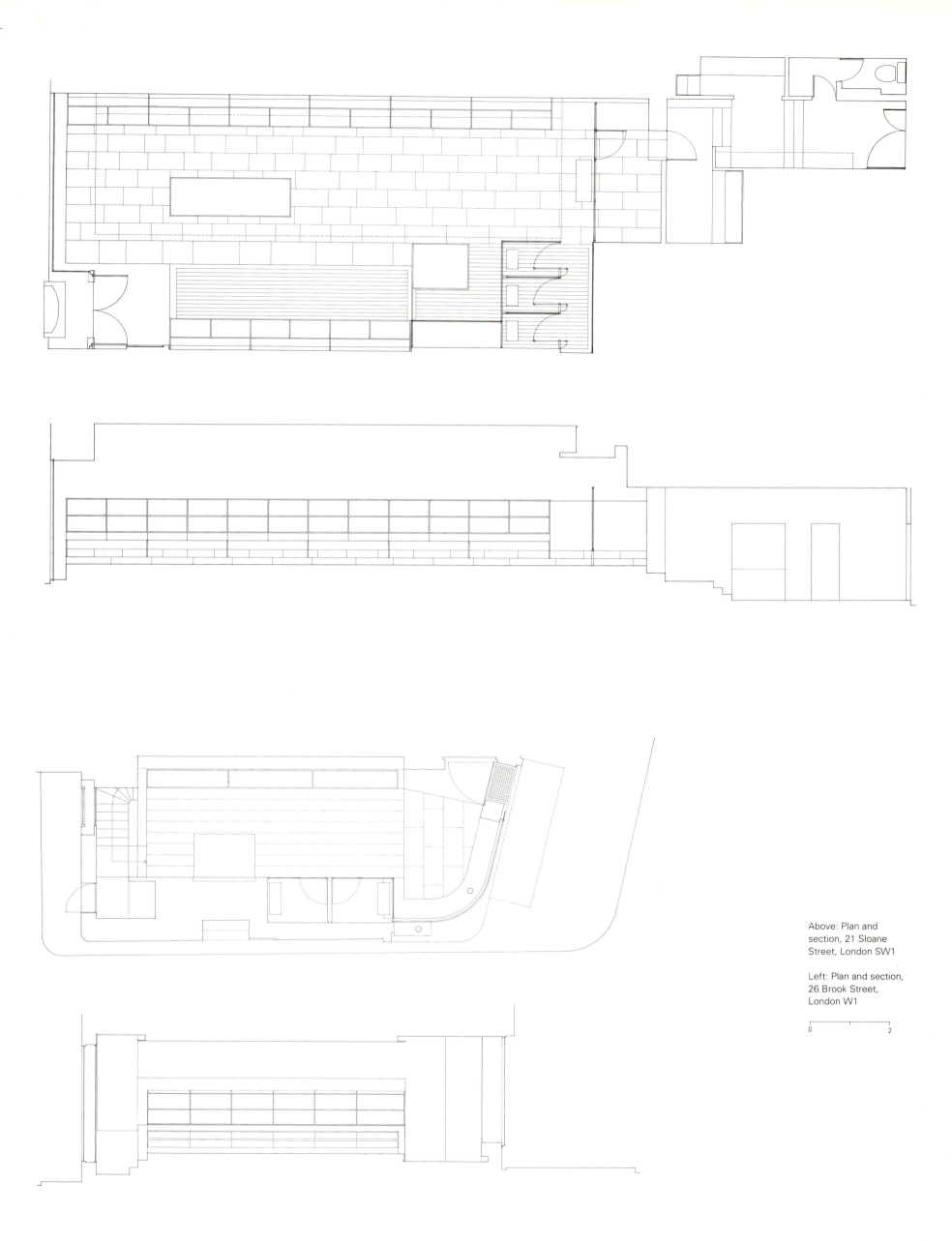

Above: Plan and
section, 21 Sloane
Street, London SW1

Left: Plan and section,
26 Brook Street,
London W1

0   1   2

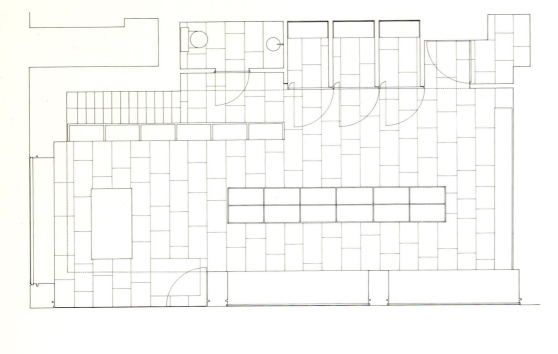

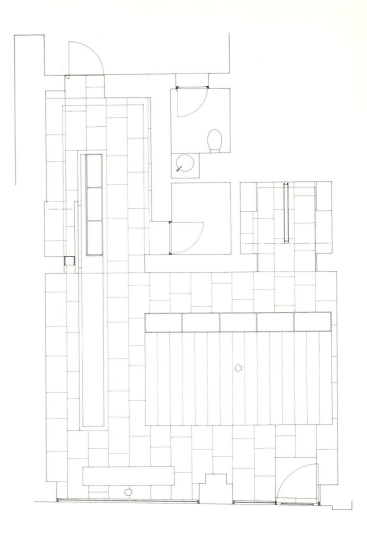

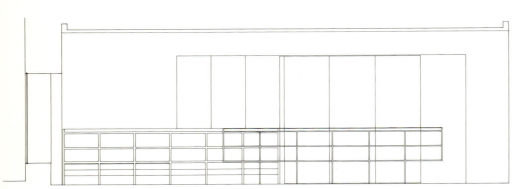

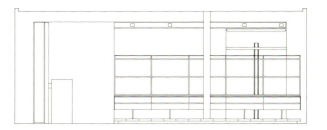

Above left: Plan and
section, 872 Madison
Avenue, 10021
New York

Above right: Plan and
section, Women's
Shop, 203 Boulevard
St Germain,
75007 Paris

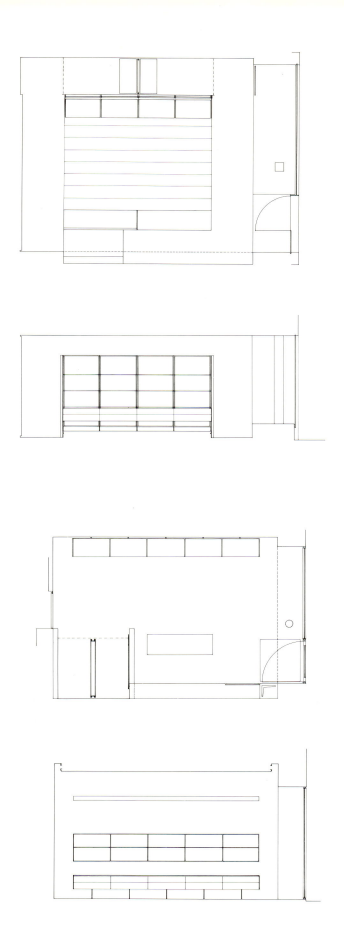

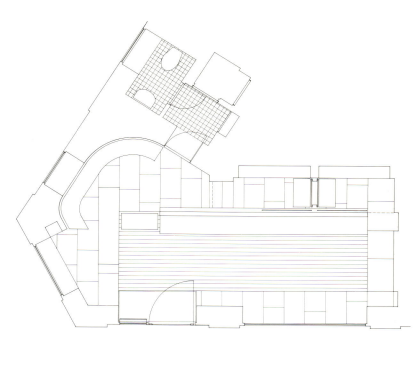

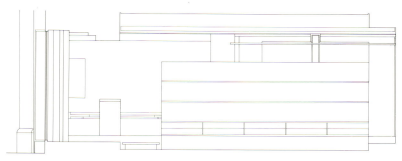

Top left: Plan and
section, 5 Avenue
Victor Hugo,
75016 Paris

Left: Plan and section,
Men's Shop,
203 Boulevard St
Germain, 75007 Paris

Above right: Plan
and section, 46 rue
Etienne Marcel,
75002 Paris

Equipment Shops

UK
21 Sloane Street,
London SW1

26 Brook Street,
London W1

Also in
Harvey Nichols,
London SW1

France
46 rue Etienne
Marcel, 75002 Paris

Men's shop,
women's shop,
203 Boulevard
St Germain,
75007 Paris

5 Avenue Victor
Hugo, 75016 Paris

Also in
Lille; Lyon; Toulouse;
Parly II, Paris;
Printemps, Paris

USA
872 Madison Avenue,
10021 New York

Japan
2-27-19 Minami
Aoyama Minato-ku,
Tokyo

Also in
Shibuya Seibu,
Tokyo; Ikebukuro
Seibu, Tokyo;
Sogo, Yokohama;
Val, Osaka; Hakata
Daimaru, Fukuoka

Elsewhere
Taipei, Taiwan

Equipment Offices

Paris
3 rue Bachaumont,
75002 Paris

New York
Equirelle Inc, 209
West 38th Street,
10018 New York

Tokyo
Images of Japan Co
Ltd, 5-4-7 Shirogane
Dai Minato-Ku, Tokyo

Architects

David Chipperfield
Architects:
David Chipperfield
Renato Benedetti
Jan Coghlan
Jamie Fobert

Associate architects, contractors and sub-contractors

Equipment, 26 Brook
Street, London, W1
Contractor
TEC Stone
Metalwork
John Grilli Contracts

Equipment, 21 Sloane
Street, London SW1
Contractor
TEC Stone
Metalwork
John Grilli Contracts
Joinery
Ardern Hodges

Equipment, 46 rue
Etienne Marcel,
75002 Paris;
203 Boulevard St
Germain, 75007 Paris;
5 Avenue Victor
Hugo, 75016 Paris
Associate architects
Berbesson Racine
et Associés, Port
van Gogh, 2 Quai
Aulagnier, 92600
Asnieres, France
Contractor
Schmit-Tradition
*Furniture and shelving
(rue Etienne Marcel)*
John Harwood

Equipment, 872
Madison Avenue,
10021 New York
Associate Architects
Fellows/Martinez
Associates, 160
Madison Avenue,
10016 New York
Contractor
Romac Constructions
Metalwork
Hudson Studios
Woodwork
Garrison
Woodworking Inc
Storefront
Linden Storefront
Stone Supplier
Marble Modes Inc

Equipment, 2-27-19
Minami Aoyama
Minato-Ku, Tokyo
Associate architects
Casatec, 2-9-6
Higashi, Shibuya-ku,
Tokyo 150

David Chipperfield: Curriculum vitae
1953
Born London

1966 – 71
Wellington School,
Somerset

1972 – 74
Kingston Polytechnic,
Kingston-Upon-
Thames, Surrey

1975 – 77
Architectural
Association, London

1977 – 78
Douglas Stephens
& Partners, London

1978 – 79
Richard Rogers
& Partners

1979 – 80
Royal College of
Art Project Office,
London

1981 – 84
Foster Associates,
London

1984 – present
David Chipperfield
Architects

London Office
Issey Miyake, Sloane
Street, London
Arnolfini Gallery,
Bristol
Knight House,
Richmond, Surrey
Equipment shops
Agar Grove Offices,
Camden Town,
London
Joseph shops,
London, Paris, Milan

Tokyo Office
Shops for Issey
Miyake
Bingo Bango Bongo
discotheque, Tokyo
Gotoh Museum,
Chiba
TAK Showroom
Building, Kyoto
Matsumoto
Headquarters
Building, Okayama
Furniture range,
Interdecor

1985-present
Visiting professor
GSD, Harvard
University, USA
Royal College of Art,
London
University of Naples,
Italy
University of Graz,
Austria

1985 – 91
Director, 9H Gallery,
London

1991 – 92
Trustee, Architecture
Foundation, London

Exhibitions
1986 – GSD, Harvard
University
1987 – 9H Gallery,
London
1988 – Fabian
Carlsson Gallery,
London
1988 – IFA, Paris

1990 – Villa Pignatelli,
Naples
1991 – Forma e
Memoria, Rome
1991 – de Singel
Gallery, Antwerp
1991 – Institute of
Architecture, Lisbon
1992 – Galleria,
Bolzano, Italy
1992 – German
Architecture
Museum, Frankfurt

Awards
1981 – Shinkel Prize,
Special Mention
1990 – D&AD Award
1991 – Pantone
Colour Award
1991 – D&AD Award
1991 – Andrea
Palladio Award,
Second Prize
1991 – Financial
Times Award, Special
Mention
1991 – Italstat Europ
Awards, Honourable
Mention
1992 – Best Building,
Okayama, Japan

Blueprint Extra 07

First published in
Great Britain in 1992
by Wordsearch Ltd
26 Cramer Street
London W1M 3HE
Telephone
071-486 7419
Facsimile
071-486 1451
ISBN 1-874235-07-4
Copyright © 1992
Wordsearch
Photographs © 1992
Chris Gascoigne

Distribution
Nick Barley

Design
Ben Dale

Editing
Caroline Roux

Translation
Marie Désy-Field

Printing
Balding + Mansell

Other Blueprint Extras

01 Apartment
London, John Young

02 Australian
Embassy Tokyo,
Denton Corker
Marshall

03 Nine projects in
Japan, Richard
Rogers and Partners

04 Sackler Galleries
Royal Academy
London, Foster
Associates

05 British Pavilion
Expo '92, Seville,
Nicholas Grimshaw
and Partners

06 Collserola
Telecommunications
Tower Barcelona,
Sir Norman Foster
and Partners